Mi Mar y otras rimas
Ángel L. Pinedo Moraleda

2016

Copyright © 2016 por Ángel L. Pinedo Moraleda

Todos los derechos reservados. Este libro o cualquier parte de él no pueden ser reproducidos o utilizados en cualquier forma sin el expreso consentimiento por escrito del autor o de la editorial excepto el uso de breves citas en una reseña del libro o revista académica.

Primera edición: julio-2016

ISBN 978-84-608-9992-1

A Pilita, Maripi y Nacho
por tantos momentos de Poesía.

Érato, cómo no.

Prefacio 1

Mi Mar 3

Otras rimas 17

Prefacio

"La Poesía aparece de repente por una emoción, irrumpe, se cuela dentro, te posee y hace contigo lo que quiere... Va del alma directo al papel, sin pasar por la mente". Esta frase de Ángela Becerra es una gran definición de Poesía.

No es un concepto, es un estado. Un estado al que llegas de repente y del que sales sin saber por qué.

Y no se esconde. Está ahí, esperando... pero a la vez, no está. Tal vez dependa de ti.

Por ello un mismo verso te llega en un instante determinado y, en otro momento, no te dice nada.

La poesía está en cada rayo de luz, en cada gota de lluvia. En una mirada, un llanto. En un grito, en una risa.

Te mira desde un escrito de Machado, *"Al olmo viejo, hendido por el rayo..."* o te susurra desde un rock de Fito Cabrales, *"Todos los besos que enseñé, y cada frase que escondí..."*.

Su musa, Érato, es voluble. Te da y te quita. Se ríe de ti y juega contigo. Se enoja y te deja solo para, sin saber el motivo, volver y abrazarte de nuevo.

Y mientras Érato, juguetona, traveseaba conmigo durante años, nació este sentimiento que plasmo a continuación.

Tiene dos partes: Una colección de poemas sin ilación específica, que surgieron según "soplaba el viento", y otro conjunto, "Mi Mar", que brotó de lo más íntimo, en el momento en que mi Musa me regaló un beso, una mirada, un desgarro, un leve roce.

Esto únicamente tendrá algún valor si, aunque sea tan solo como una ligera brisa, algo de lo que lees, es capaz de hacerte sentir una caricia en tu corazón y, así, arrastrarte hacia ese rincón del alma donde guardas para ti aquello, o aquellos, que te dejaron huella en lo más profundo.

Ángel Pinedo

San Lorenzo de El Escorial, a 14 de julio de 2016

Mi Mar

Navegando tu cuerpo

Verte llegar. Empezar de lejos.
Equilibrio, elegancia. Firmeza, armonía. El triunfo de la proporción y de lo bello.
Me escondo, te rodeo. Girarte y dejarme clavado. Sonrisa y... mirada.
Y así comienzo...

Recorrerte de pies a cabeza. Sin tocarte, sin rozarte. Sólo con mi mente.
Mas en mi percepción sí te rozo, suavemente, ligero como una pluma, arrancando cada una de las sensaciones que un soplo de brisa, cálida, puede provocar en tu piel.
Comprobar que la delicadeza comienza en los pies, y que se yergue sobre los tobillos, exquisitos, hasta conformar una pantorrilla perfecta.
Tus rodillas...

Y ya eres mar, que me lleva a la deriva, hacia calas que sólo tú conoces.
Tus caderas, tu vientre... Templo de goces impensables, inmensos.
El ombligo me espera. Es la corriente, que me pide que vire y busque otro horizonte.
No le hago esperar, no lucho.

Ver el milagro de tu espalda.
Digna de pasar la vida en ella, surcándola de norte a sur, de oriente a occidente.
Navegándola con mis manos en una caricia imaginaria.

Y parar en tus hombros, que me dirigen, acompasados, brazos abajo hacia tus manos, finas, elegantes, cuidadas. Mares cálidos y soleados.

Pero no debo perderme en ellas...
Pongo rumbo hacia los hombros, de nuevo, para bogar despacio hacia tu cuello.

Mientras mis manos acarician tu nuca y juegan con tu pelo, mis labios se llenan de tu piel.
Tu olor me invade. Un derroche de sensaciones se apoderan de mí... y de ti. Mar y barco, uno sólo.

Y, de nuevo, un remolino me lleva hacia delante: Dos islas perfectas donde atracar.
Y subir y bajar haciendo círculos, como un albatros jugando con el viento.

La corriente me arrastra de nuevo hacia el cuello.
Luego, tu boca,... y la mía: El beso. Casi muero.

Pero por no morir, me elevo como una ola hacia tus ojos.
Remanso de emociones no expresadas.
Y allí me quedo, subyugado, quieto.
Sin tocar, sin rozar. Sólo con los sentimientos.

Ya he atracado. Amarro.
He navegado tu cuerpo.
No hay conquista, no hay rendición. Sólo hay entrega.
Porque al recorrer tu cuerpo, con cada milímetro de piel he entregado mi alma, y tú, generosa y fascinante, me has regalado la tuya,
sin tú saberlo.

La roca, la mar, la playa

La roca.
Inhiesta, queda, allí en la playa.
Está debajo de ella, y se yergue hacia el cielo desde su arena blanca.

Buscaba un remanso, y encontró la cala que le dio certeza, calma.
Jugaba con su arena y reía, mientras miraba cómo los niños sus castillos erigían,
y la brisa las sombrillas acunaba.

Su vista estaba puesta hacia atrás, al acantilado, su casa.
Era parte de él, pero prefirió marchar hacia la playa.
Otoños cálidos, los paseantes, e Inviernos fríos, sin nada.
Luego la Primavera, nuevos ánimos, y el Verano, la avalancha de veraneantes...
Y el tiempo pasa y la rutina mata.

Mas hay algo que le llama.
Siente a su espalda un rumor cercano...
La mar.
Y se gira y nota la caricia de su agua.
¡Pensaba que era la arena con la que jugaba!
Pero esto es otra cosa:
Como una mirada enamorada, es suave,
y como la pasión, salada.

Y con la mar habla:
¿Dónde estuviste?, le pregunta,
Siempre aquí. Te esperaba.

Y la roca se olvida de la playa y al agua quiere ir.
Y la mar le llama.

Pero la playa aprieta su arena y a la roca agarra.
¡Eres mía, te amo!, dice, y la roca llora y clama:
¡El amor no es posesión!, déjame ir hacia el agua.

La mar, enamorada de la roca, brama.
Al viento, a las mareas, a la galerna llama.

Y comienza la lucha entre la mar y la playa.
Espuma y arena se mezclan,
el negro cielo observa, es ahora tormenta lo que era calma.

La roca ruega a la playa:
¡Déjame ir!, te di todo, pero aquí ya no está mi alma.
Si me quedo seré un fantasma en tu arena.
Ahora mi sitio está en la mar, junto a su agua.

La playa duda.
Mientras, la mar su oleaje sobre la orilla descarga.
Y, al fin, la roca estalla en mil pedazos que el agua arrastra.
La playa grita, pero ya no puede hacer nada.

La resaca se lleva, trozo a trozo, el corazón de la piedra, que feliz,
junto a su amor descansa.
La tormenta cesa, la galerna para.
Mar y roca, ya siempre juntos, mecidos por las mareas, su amor declaran.

Y la mar acaricia la roca y no dejará que caiga.
La llevará a conocer cien mundos, siempre juntos, ya sin playas.

La mar y la roca, agua y tierra, sólo uno,
en un acto de amor eterno,
sal, granito, espuma y agua.

Tú y yo... la Mar y el velero

Temprano, con las primeras luces.
Una suave brisa de levante refresca la tórrida noche.
Es el momento perfecto.

Hay que largar amarras y atreverse a navegar hacia la mar abierta.
Tomo el timón, y te voy desperezando poco a poco.
Suavemente te llevo hacia la bocana y, de allí, al horizonte lejano, tal vez incierto.

El foque pide que le ice y, como tu boca en un beso, se abre para dar cobijo al viento.
Y, así, ganamos velocidad en una danza en la que espuma, aire y madera forman una figura de espléndida perfección:
El velero comienza su lucha con la Mar... y el viento.

La mayor, se despliega pidiendo a gritos que, como una nube, la eleve forzando a hincharse con el céfiro.
Nos ceñimos y ganamos barlovento.
Viramos, cortamos la estela y abatiendo a babor, logramos subirnos a la ola.
Allí, la proa y su cabeceo, juega con la Mar en un continuo subir y bajar.
Y mientras las velas gimen abiertas al viento, el velero, firme, poderoso, surca hacia adentro.
El esfuerzo de volar, veloz e intenso,
entrando y saliendo de la Mar, suavemente, aunque enérgico.

Al final, el estallido contra la ola.
Salta la espuma, las velas arañan el viento,
con un grito desgarrado de placer,
sometido a la mano firme del timón y a la quilla larga del velero.

Y tras el estallido, la Mar, ya suave, el suave balanceo.
Arriamos la mayor y ciamos hacia el pantalán,
lentos, saciados, serenos.

Y despacio entramos en el puerto.
Atracamos, nos miramos y pensamos, sin decirlo:
¿Qué ha sido eso?...
Un gesto de pasión inigualable.
Tú y yo,... la Mar y el velero

Ni ver, ni oír, ni hablar

Puedo no ver, o fingir no ver.
Y pasar a tu lado como si fueras una brisa de aire,
que sientes que está pero tus sentidos no son capaces de sugerir.
Tan sólo percibo tu presencia,
como ese impulso que te incita a volver la cabeza cuando alguien te mira.
Pero no veo, viendo.
Porque tu mirada se esconde tras la máscara de la indiferencia
para no regalarme más las caricias de tus ojos.

Puedo no oír, o fingir no oír.
E imaginar que nuestra voz es el lejano rumor del mar que se enreda con el acantilado.
Y en ese rumor, se ocultan antiguas pláticas sobre lo divino y lo humano,
donde la ansiosa búsqueda del otro nos llevaba a descubrirnos en cada ocasión.
Pero oyendo, ya no oigo.
Porque escondes tu sinceridad en el oscuro armario de la fría cortesía.

Y puedo callar.
Suponer que soy un mudo de cuya garganta no puede salir sonido alguno.
Y convertir mis palabras en el eco de la espuma de las olas,
que no aporta más que la estética de la forma que construye
y, tal como aparece, se va, sin dejar ninguna huella.
Porque disimulé mi discurso en un entramado extraño de frases huecas
que, para no hacerte vulnerable, te permitieran no dar oídos al alma.

*Sí.
Puedo no ver, no oír, no hablar.
Pero sabes que tras la brisa, el viento espera.
Que tras el rumor del mar, desde el fondo, ruge su fuerza.
Que tras la espuma, el oleaje ondea.*

*Viento y olas, mecerán tu barco al son de una melodía rápida a momentos,
a momentos suave y lenta. Pero siempre apasionada e intensa.
Y desde dentro, oirás, sin querer, el susurro del mar que te dice:
"Por ti espero.
Merece la pena"*

El sueño de Ícaro

Media luz de anochecida.
Estado de duermevela.
Tenue vigilia donde nada pone cota a los sentidos.
Todo es percepción, el pensamiento exangüe.

Poco a poco, los vapores del vino y el anárquico baile de las llamas del hogar adormecen mi mente.
A párpado cerrado, percibo el chasquido de la leña al arder, como si fuera el de una llave que me abre las puertas de Nysa.

Allí, el aroma del néctar de Dioniso me hace bailar, al son que toca Harmonía,
con una Afrodita toda sensual, que me libera de cualquier atadura de las buenas costumbres.
Y en ese baile, lentamente noto mi trasformación en ave, águila de fuertes alas a la que la Diosa lanza con cetrera maestría.
Siguiendo un impulso atávico, me elevo hacia una brillante luz que me llama.
Cada vez más cerca.
Hay algo familiar en ese albor que, a la vez me atrae y me rechaza, me conquista y me objeta.
Y cada vez más cerca.

Ahora lo veo.
Tras los reflejos luminiscentes blanquecinos de Sadalsuud, me apropio de su nombre, convirtiéndome en el "Afortunado de los afortunados".
Allí estás tú.
Y así, olvidándome de la cera que amalgama mis alas, me lanzo en un vuelo suicida hacia la estrella más brillante de Acuario.

Cuanto más cerca, más me inundo con los efluvios de tu alma, sin darme cuenta, fascinado, que tu muro de hálito ardiente no me dejará nunca acercarme.

Casi llego a ti pero, suavemente, las plumas caen y mis alas ya no me sostienen.
E inicio mi lento derrumbe hacia la Mar,
que me acoge, maternal, entre sus brazos,
sufriendo con mi dolor pero sin poder calmar mi desconsuelo al verte allí, radiante, magnífica diosa del amor y la belleza.
Distante, soberbia. Y tu luz, por lo lejana, ahora es fría escarcha.

Ya mis lágrimas se unen con el agua madre de la Mar,
suavizando su sal,
que me quema en la profunda herida que mi corazón desangra.

Abro los ojos, y el alba ya ha inundado todo.
El recuerdo del ensueño reciente me trae la realidad
de que yo, como Ícaro,
intentando llegar a mi estrella, quemé mis alas.

Carabela en tierra

Altiva te yergues sobre tu corazón de roca.
Lo que el mar te negó, el aire y los ríos te donaron.
Así, Júcar y Huecar horadaron la piedra donde se enclavó tu espíritu,
y el viento, con su etéreo cincel,
te modeló hasta convertirte en bajel de travesía eterna sobre el árido océano de Castilla.

En tu destierro, te hiciste hija de la media luna,
pero la cruz patada te adoptó para rescatar de tus entrañas el negro fulgor que brilla sobre ti.
Eres resplandor y sangre, lucero en la aurora y copa de vida eterna.

Para alcanzar el cielo, colgaste tus casas con troneras vigilantes de tus secretos guardados, sobre los inmortales acantilados de piedra que se asoman a las hoces.
Así, el águila anidó en tus faldas.
Y se elevó para poder guiarte en tu perpetuo peregrinar sobre la tierra, en busca de un mar que no hallarás,
pero que dejó rastro para que puedas llegar a él algún día.

Te rodeaste de bosque para recordar el vaivén del aquel oleaje primero que te encalló en la roca y te alejó de tu amado.
Y para no olvidarle, tatuaste una sirena en tu piel,
y por llorarle, dejaste que el viento elevara tu lamento entre las angostas calles.

Pero no desesperes, Cuenca.
Un día la piedra será agua y el ancla que hoy te aferra a la tierra, cederá y, así libre, navegarás hacia tu sueño de ser carabela en la mar.

Otras rimas

Soneto para mi musa

Andaba entre mis dudas apresado
dudando si a mi Musa yo atrapaba,
y metido en la duda, no notaba
que era yo, y no ella, el capturado.

Entonces decidí, muy arrojado,
escapar de la red de ésta mi dama
sin saber, que poco a poco más me ataba
con sus hilos de sonrisas sujetado.

Vencido, me lancé desesperado
a conocer su alma reservada,
¡más pronto quedeme arrebatado!.

Encontré su alma, enmascarada
bajo un manto cortés, disimulado
su verdadero sentir: enamorada.

Siempre tú

*Cuando, a veces, no tengo tu presencia,
el desánimo, no aumenta, no se agranda,
ya que mi ensueño no descansa,
y me envuelven los perfumes de tu esencia.*

*Pues por encima de todo, hay algo, sutil,
que me impide olvidarte ni un instante.
Es profundo, es intenso, es gigante.*

*Y, así, eleva mi alma con un fin:
Que consiste en tenerte siempre cerca.*

*¡Poco importa si estas o no presente!,
ya que la virtud del amor no necesita
nada más que de la imagen de la amada.*

*Y esa imagen la crea el corazón
con el pincel del amor,
... y la paleta del alma.*

Epitafio

Huyendo del tedio y la rutina
jugué a ser poeta por un rato.
Tantos portentos encontré que, sin buscarlo,
me creí creador de sentimientos
y fuente, para el alma, de delicias.

En ese endiosamiento, intenté
convertir a una musa en sólo mía,
buscando de su mano inspiración
para hacer poesía .

Así quedé de Érato prendado,
olvidando que su esencia no maneja
la idea de posesión que pretendía.
Y el castigo merecido recibí
al tener su silencio por condena.

Deliré entonces mi epitafio:
"Olvidada de su Musa, ¡triste de ella!,
aquí yace el Alma desgarrada
de un hombre, muerta al darse cuenta
que vivía en un sueño, equivocada,
creyendo ser el alma de un poeta".

Pero aceptando mi mundana cualidad
la Musa cedió en su castigo,
haciéndome entender, que en el silencio
también existe su favor.
Ya que si vives, que si luchas,… que si amas,
alcanzas a olvidar toda dolencia.

Y entonces resoñé el epitafio:
"Aquí yace el Alma sorprendida

*de un mortal, que fue recompensado
con la luz de vivir día tras día
estando enamorado".*

*Y eso, ¡gracias Érato!,
también es Poesía.*

Homenaje a Bécquer

Lejana, como una estrella lo está del planeta al que da calor y luz.

Inaccesible, como debe ser, como lo son las Diosas para sus mortales,
porque tu distancia te hace parecer más elevada, más imaginada, más deseada,
más admirada.

De repente, una mirada…
Por una mirada, un mundo;
Algo más que un instante. Es un atisbo curioso e interesado. Es tu primera concesión.
Me clava en el suelo. Un escalofrío me recorre la espina dorsal.
Te sostengo unos segundos la mirada y allí, rendido por primera vez, te entrego mi Mundo
que ya será, por siempre, para ti.

Y tú, consciente de mi entrega sin condiciones, me sonríes.
Es la demostración palpable de tu poder sobre mí.
Mudo, estúpidamente anonadado,
sin capacidad alguna de reaccionar, sólo puedo responder con otra tímida sonrisa.
¡Cómo desearía que este instante durara eternamente!
Por una sonrisa, un cielo;
Y así es. Un cielo para mí,…
y mi Cielo que te regalo libremente, cuya razón de existir eres sólo tú.

¡Pero debo ir a más!
Conformarse con el cielo es insuficiente.
¿Es el cielo, tal vez, mi meta? No. Porque en ese Cielo estás tú,… pero no eres tú.
Yo te deseo completa, entregada.

Y para ello inventaré mil versos que iluminen tu cara.
Mil canciones que alegren tu alma.
Mil danzas que te eleven hacia la Felicidad que nunca imaginaste.
¡Pídeme lo que quieras!
¿Mi Mundo?...tuyo es.
¿Mi Cielo?... ya tuyo es también.
¿Entonces? ¿Qué darte?...

¡Toma mi alma!
Juega con ella. Rómpela si lo deseas. Quémala en el fuego eterno del olvido.
Y así, tal vez…
Sí. Tal vez me des un beso.
Porque yo, fiel y entregado, fascinado por ti,
por un beso... yo no sé
qué te diera por un beso

Tus manos

Una estrella se eleva, suave, despacio, hacia el cielo.
Cinco puntas, cinco estelas.
Tal y como sube, cae, lánguidamente.
Y, al caer, llena el lugar de reflejos oscuros que, imagino,
lágrimas negras de la noche;
pero no por ello menos bellas que el brillo de los luceros.
Es el comienzo.
Su baile, armonía en movimiento.
Su color, de un blanco nacarado.
Sus estelas, manejan el aire que desplazan con su ritmo lento.

Otra estrella va de derecha a izquierda.
Su camino es otro.
Más vivo, y más intenso.
Marca el comienzo de todo... pero es, también, el final quedo.
Igualmente es de nácar, y sus cinco colas son el timón del
Tiempo.
Cuatro espigas, que oscilan como brotes de lavanda.
Y otra más, tal vez un tallo, que recoge en un haz todo el
sendero.
El sendero de este lapso, que arranca, se desplaza y revienta en
silencio.
Un ramillete de intenciones que se unen, firmes, para llevarte al
Cielo.

Dos estrellas.
Iguales, pero con distinto empeño.
Las dos, suaves, me acarician y me atrapan con su armonioso
acento.

Son tus manos...
Una dirige mi camino.
La otra gobierna lo que siento.

Principio y fin

En el principio fueron los cielos y la tierra...
Y este acto de creación se repitió una y otra vez con cada ser humano:
La creación que va más allá de los simples cuerpos,
cárceles temporales y sucesivas del alma eterna.

Y ese alma impar, mi alma, estaba sola.
Rogué, imploré para huir de esa soledad que me quebraba por dentro.
Era como si la bestia hubiera llegado y, poco a poco, robara mi aliento.
Entonces, con un grito desgarrado, icé al cielo mi plegaria, y escuché:
"El que tenga sed, venga; y el que quiera, tome del agua de la vida..."

De esta manera comprendí que había otro alma, tu alma,
esperando que un hecho casual nos encontrara en alguna parte.
Porque tu voluntad ha estado desde siempre ahí, esperándome,
llamándome una y otra vez escondida tras un millón de formas.

Siglo tras siglo, era tras era, siempre surgió la estrella que guiaba mi camino hacia ti.
Así seguirá aunque el tiempo y el espacio nos separe tantas veces.
Poco importa si ha sido ahora cuando te he conocido,
porque desde la eternidad hemos estado ligados por un invisible hilo.

Y las miles de caricias, entregadas a mil y un cuerpos;
y los cientos de miradas, regaladas a tantos ojos,
han sido siempre sólo por ti.

Porque tú eres única e imperecedera.
Completa e inagotable.
Paciencia infinita, perdón perpetuo.
Palabra precisa en el preciso momento...
Elegante, bellísima por fuera,
pero más sublime aún por dentro.

Y tu sonrisa, devuelta cada vez, me ha cogido siempre por sorpresa:
El asombro de entender que, a pesar de mis imperfecciones,
tu mirada siempre dice sí, ven a mí.

Tú.
Siempre tú.

Alfa y Omega, principio y fin, la primera y la última.
Porque siempre fue así,
Tú, siempre, la única.

Sublimidad

Preciosa como un edelweiss recién abierto.
La Hermosura de una noche estrellada.
La Lindeza del sol tras la tormenta.
Delicada como una rosa en invierno.
Finura y Gracia, magnífica presencia.
Gallardía elegante, Primor soberbio.

La Divinidad de poder hacer y deshacer,
y el Encanto de mirar... y acariciarme.
Atractiva, cuando tu corazón decide hablar
con el Esplendor de saberte generosa.

Tan perfecta como un beso regalado...

Todo esto me hace amarte
infundiendo en mi espíritu el deleite que derramas.

Sí, sublime belleza.
Mas yo, sólo me gané el derecho a una sonrisa...

¿Amar o hacer el amor?

Hacerte el amor, amando.
Despertar pasiones, volverte loca.
Sufrir, sentir.
Conducir tu cuerpo como un maestro ejerce su arte
para elevarte a un universo lleno de estrellas,
mientras tu alma como una religión profeso.

Llegar a ti poco a poco.
Las yemas de mis dedos deslizándose ávidas sobre tu seda,
moldeando tu figura como si de arcilla se tratase.
Y mis labios tras tu oreja. Allí dónde nace tu cuello.
Recorriéndolo, deslizándome, transmitiendo la ternura que de mi corazón sale
hasta llegar a su asiento.

Y sosegarme en aquél rincón dónde el amor duerme,
entre tu pecho y tu espalda, sobre tu corazón.
Lejos de cualquier zona físicamente erógena
pero dónde poder notar cómo tu piel se eriza al sentirme.
Y esperar tu llamada con el espíritu expectante,
rogándote, suplicándote que me reclames.

Y en el reclamo, un reto:
El éxtasis, la pasión, el desenfreno.
La entrega, la unión, el generoso empeño.
Disfrutar de ti, porque así lo haces tú con mi esfuerzo.
Y detrás de todo, sólo tú…
…Y mi amor libre, entregado, pleno.

Copla

Me contaron como eras
y no lo quiero creer,
tal vez porque quedas ciego
tratándose del querer.

La verdad es sólo un juego
al que juegan sólo dos,
donde al final sólo importa
tu razón o mi razón.

Tu razón no viene limpia
porque tú no me la das.
Viene manchada de envidia
que sale de los demás.

Y me dicen que eres fría,
con el alma como el hielo.
Que respondes firme y dura
como una piedra de fuego.

Que tu corazón no late.
Tu interés es lo primero.
Y para ello no importa
quien tengas que dejar muerto.

Que la palabra perdón
no existe en tu diccionario:
Ni lo pides ni lo aceptas,
para ti es un agravio.

Pero yo sé que es mentira.
Que muy pocos te conocen.
Porque en vez del corazón

la mente es la que anteponen.

Que no ven porque no miran
en el fondo de tus ojos.
Sólo en ellos se describe
la causa de tu cerrojo.

Lo que hay detrás de ese porte
es miedo a poder sufrir.
Y tras la arrogancia escondes
un alma por descubrir.

Que es timidez, no soberbia.
Que son dudas, no desprecio.
Y eso no lo puede ver
el que mira como un necio.

Porque si miran tus ojos
cuando sin temor irradian,
ni hieren, ni vilipendian,
ni aborrecen, ni amedrantan.

Yo solo veo unos ojos
de terciopelo azabache.
Que acarician cuando miran
y me dicen sin hablarme:

Que estoy aquí, que te quiero.
Que me importas ¡no me falles!
Que por mal que hablen de mí...
Mi gran pecado es amarte.

ملقف malqaf

Una suave onda que se acerca al margen del lago, tan sólo roza la piedra de la orilla que,
dispersa, no nota la frágil humedad que queda tras su paso.
El calor que rodea el agua, que evapora el rocío,
es suficiente para ocultar cualquier intento de caricia sobre el duro material.
Ocurrirá una y otra vez, pero nada impedirá que el mineral olvide su presencia.

Tal vez la lluvia de verano sobre la hierba sea más breve, pero también más intensa.
Colma el aire con aromas nuevos.
Trae suspiros diferentes sobre la tierra caliente y aletargada que, brevemente,
despierta y se lanza a una espiral de sensaciones renovadas.
Duran lo que el soberbio Sol, celoso,
tarda en encender de nuevo sus rayos para devolver todo a su estado de desmayo.
Sin embargo,
en la tierra queda el vago recuerdo del beso húmedo que sacudió una vez sus sentidos.

Pero hay algo que surge como una brisa, casi etérea, que eriza sutilmente tu cabello.
Crece, despacio, hasta ser capaz de hinchar, como una vela, tu blusa...
Y enredarse en tu pelo, y acariciar suavemente tu piel que, encendida,
advierte efectos inesperados.
Desaparece de improviso mientras tu cuerpo reclama de nuevo su presencia.

Y vuelve con la fuerza de un tifón para agitar tu alma.
Como un torbellino de sentimientos jamás pensados,
que te elevan a lo más alto mientras tu corazón se desboca,
luchando contra el ser quedo y conforme que hay en ti.

Emerge… Y si se desvanece, siempre retorna más fuerte.
Es una brisa, un viento, un huracán.
Y sin estar, siempre está.

Y tú, sin quererlo, te has convertido en su malqaf

Soñando soñado

Dormía.
Y dormido soñé que soñaba...
Que soñaba un Sueño que a mi razón escapa, porque sueño es
y no realidad mundana.

Mientras mis sentidos dormían, mi alma volaba hacia ese otro
Sueño,
lejano, inalcanzable, con alas de plata.
La plata que les da el deseo, el afán, la voluntad sin trabas.
Porque sueño es y, como tal, no ata.

No ata sino que abre puertas,
las puertas que el corazón y el alma gustan de abrir, y tras
pasarlas,
te llevan a un mundo pleno, henchido de esperanza.

Y es que dormía.
Dormido soñé que soñaba...

Y en mi Sueño, yo era el soñado y tú,...
tú la que me soñabas

Alma de jota

Sólo la luna tu voluntad conoce.
La luna… y yo, que te seguí por un camino de montañas y valles
no siempre fácil.
Viento que arrasa cuando tu tesón arranca y brisa suave si la
ocasión lo reclama.
Eso es: de jota el alma.

Roca en tus decisiones, y en las soluciones, lanza rápida.
Y como ese son, haces tuyo el dolor de los demás,
y te transformas en vigía de naves perdidas hasta llevarlas a la
ensenada donde reina la calma.

Una vez allí, rodeados de esa paz soñada,
desde tus entrañas surge la pasión que nos lleva a la lucha sin
campo de batalla.
Ya ¿cuerpo contra cuerpo?. No. Es un baile, y como tal, la
armonía es soberana.
Son dos cuerpos en uno,
no hay vencidos, nadie gana.
Tan sólo una voluntad, fundida en una sola alma.

Y tras la batalla, de nuevo el sosiego, y con él,
la admiración, la belleza, las risas, la animada plática…
En definitiva, el Amor,
que aunque la jota acabe, Él nunca pasa.

Abantos

*Te dejas caer suavemente hacia la Villa y Corte.
Delante de ti, un inmenso valle,
donde el Guadarrama, a través de sus hijos, remansa sus aguas en forma de J.
Y desde aquel lugar, ya sólo las barrancas que el río forjó para limitar sierra y llano.*

*Siempre has estado allí, impertérrito, vigilante del tiempo y de los hombres.
Elegiste convertir tus pies en la cumbre humanística del Orbe,
convencido de que sólo el conocimiento nos llevará a merecer la Gloria.
Tan cerca te has sentido siempre del ser humano,
que has llenado tus vertientes de leyendas de infiernos y aparecidos.
Y por amor a los mortales,
lloraste con ellos cuando el mayor pecado se cometió en esta tierra tan tuya,
forjando de tus entrañas el monumento al odio entre hermanos para que nadie olvide.*

*Hoy me acoges una vez más, en medio de tu seno,
y me traes recuerdos de juegos de infancia y risas de juventud.
Igual que las cañas del Mediterráneo escondieron un primer amor,
en tus laderas guardas mi Amor único y eterno que allí nació y vive para siempre.*

*Y me muestras tus cicatrices,
aquellas que causó la ambición humana o, tal vez, simplemente su locura.
Bien está verlas para recordar el calor de la noche iluminada como el averno,*

y no olvidar el quejido de tus hijos al transformarse en rojo y negro.

Pero ahora, miro alrededor y sólo veo la inexorable Naturaleza resurgida,
y cómo todo se alineó para que volvieras a elevarte majestuoso sobre la sierra madrileña.
Tus habitantes limpiaron tus collados
y tu madre, Gaia, te llenó de brotes verdes con que revestir tus heridas.
Retornaron ardillas a tus ramas; corzos y jabalíes a tus fuentes.
Las águilas, fastuosas, sobrevuelan ya tus rocas,
y el viento vuelve a susurrar entre tu pelo.

Y ahora,
yo también regreso a ti, para que tú,
guirre, alimoche, Abantos,
con tus alas extendidas,
recojas mis sueños y los eleves, una vez más, sobre la Tierra.

www.ingramcontent.com/pod-product-compliance
Lightning Source LLC
Chambersburg PA
CBHW061517040426
42450CB00008B/1666